AF482997

NOTICE

SPECTACLE - CONFÉRENCE

SUR LES

VOYAGES

DANS

L'AFRIQUE CENTRALE

DE

LIWINGSTONE

STANLEY

SIR BAKER

BRUCE

SPEEKE

MUNGO-PARK

LES DAMES TINNE

CAMÉRON

SCHWENFURTH

CAILLÉ

LE SAINT

CLAPPERTON

SERPA-PINTO

Mme BAKER, etc.

EN DEUX PARTIES,

ILLUSTRÉS PAR DE MERVEILLEUX TABLEAUX DE **36** MÈTRES DE SUPERFICIE
ÉCLAIRÉS A LA LUMIÈRE OXYHYDRIQUE

*Le célèbre explorateur **CAMÉRON** a honoré de la lettre suivante*
M. MALANKIÉWICZ, professeur de sciences et conférencier.

« Monsieur,

« Votre but de populariser la géographie avec les explorations dans l'Afrique centrale, à l'aide de Conférences illustrées par la méthode des projections, est un des moyens les plus puissants d'enseigner cette science à laquelle nous sommes tous dévoués.

« J'espère que vous réussirez partout où vous irez et que les conséquences de vos Conférences, seront un appoint aux travaux si importants dus aux explorateurs français.

« Veuillez agréer, Monsieur, l'assurance de mes sentiments les plus distingués,

« (Signé) Lowett CAMÉRON.

Shoreham, Sevenoaks, 4 septembre 1879.

LES VOYAGES DANS L'AFRIQUE CENTRALE

Présenter au public, un résumé de la situation actuelle de l'Afrique centrale :
telle est la tâche que nous nous sommes imposée dans la Conférence à laquelle nous
convions le public. Mais on comprendra que cette petite brochure ne peut offrir qu'un
faible et très sommaire aperçu de ladite Conférence, sur les travaux si intéressants
des Liwingstone, des Stanley, des Caméron, des Baker, des Speeke, etc., etc., qui
présentent une étendue que ne peut comporter ce cadre si restreint, mais que la
Conférence que nous aurons l'honneur de faire devant vous, dépeint si bien et par sa
narration, et par ses merveilleux tableaux de 36 mètres de superficie éclairés à la
lumière oxyhydrique.

Depuis un quart de siècle environ, des rapports incessants faits par des explorateurs appartenant à diverses nationalités, ont attiré sur l'Afrique centrale, non-
seulement l'attention du monde savant, mais encore celle de tous ceux pour lesquels
les évolutions sociales et les grands problèmes humanitaires présentent de l'intérêt.

Grâce au dévouement sans limite de ces hommes dont le combat obscur, combat
de tous les instants, n'avaient d'ordinaire pour dénouement qu'une mort ignorée,
accompagnée souvent de circonstances les plus tragiques; nous possédons aujour-
d'hui, une espèce d'encyclopédie africaine dans laquelle les études géographiques,
ethnographiques et historiques de l'Afrique centrale ont reçu une impulsion ines-
pérée.

Ce sont ces études pleines d'anecdotes des plus attrayantes, ce sont ces dévoue-
ments remplis de faits d'un puissant intérêt, qui vous seront exposés dans la Conférence.

En plus des découvertes de ces hommes remarquables, vous trouverez dans la
première partie, la description émouvante de quelques chasses faites par eux dans
l'Afrique centrale, puis la Conférence continue à vous retracer tous les efforts et tous
les travaux de ces hommes héroïques qui ne peuvent rester stériles, car nous sommes
à la veille de voir surgir une de ces grandes situations qui passionnent les peuples,
les stimulent et les grandissent.

L'avenir seul peut nous apprendre tout le parti que la civilisation actuelle peut
tirer d'un immense continent, que l'on avait cru jusqu'alors déshérité et qui présente au contraire un fond inépuisable de richesse et de fécondité, ainsi que l'atteste
le rapport des explorateurs dont quelques-uns des plus célèbres vont trouver ici une
notice biographique,

DAVID LIWINGSTONE

Le docteur DAVID LIWINGSTONE, voyageur anglais, est sans aucun doute le plus célèbre des explorateurs modernes. Né le 19 mars 1813 à Blantyre Lanarkshirf. (Ecosse.)
Il est le fils d'un marchand de thé.La situation plus que modeste de son père, le con-
traignit à placer son fils dès l'âge de 10 ans dans une filature de coton en qualité
d'aide. Avec une partie de son salaire, il se procura les premiers rudiments de la
langue latine, fréquentait les écoles du soir et consacrait encore au travail le restant
de ses veillées. Plus tard il put suivre à Glascow les cours de langues anciennes, de
médecine et de théologie. Muni du grade de licencié du collège des médecins de cette
ville, il se fit agréer de la Société des missions de Londres, avec l'intention d'aller
prêcher l'évangile en Chine. Empêché par la guerre qui venait d'éclater avec ce
pays, il s'embarqua en 1840 pour l'Afrique Méridionale ; résida quelque temps au
Cap, afin de se familiariser avec les idiomes de l'intérieur, et se retira en 1843 dans
la belle vallée de Mabotsa ; il en fit le siège de ses travaux religieux, épousa la fille
du révérend Moffat et vécut le plus souvent au milieu des béchuanos, s'accommodant
à leurs mœurs et partageant même les fatigues de leurs expéditions guerrières.

Comme on le voit, le docteur David Liwingstone est avant tout le fils de ses pro-
pres œuvres. Peu à peu le caractère de ses explorations se modifie, le missionnaire
ardent fait place au voyageur scientifique, et c'est surtout sous cette nouvelle phase
qu'il se transforme et atteint l'apogée de sa gloire.

Personne n'a plus mérité que lui le titre de citoyen de la terre, jusqu'au moment de sa mort le monde entier s'intéressait à son sort.

David Liwingstone, lors de son premier voyage, après un séjour assez long dans la Cafréric, découvre le lac N'gami en 1849. Dans son second voyage, il atteint Saint-Paul de Loanda, après avoir remonté le Zambèze et découvert le grand lac Nyassa en 1855. Enfin, dans son troisième et dernier voyage qui ne comprend pas moins de sept années, il enrichit la science de nombreuses découvertes au nombre desquelles nous pourrions citer les cours d'eaux qui forment la tête du bassin du Nil. 1866 à 1873.

En traversant la rivière Ranjona, près de laquelle il observe des sources d'eau bouillante, il atteignit le Tambèze, qu'il ne faut pas confondre avec le Zambèze ; il explora le lac Banjovelo, vaste nappe d'eau située à trois milles au-dessous du lac Tanganyika. Ici il aborde un pays malsain et toujours humide ; son escorte composée de 90 hommes se trouve réduite à 78, par suite de deux morts et de dix désertions, engagés qu'ils étaient dans un pays où ils avaient de l'eau jusqu'à la ceinture. Liwingstone lui-même se trouve atteint du mal qui devait l'emporter : la dyssenterie, et en est réduit à demander à ses compagnons d'infortune de lui construire une hutte pour y mourir. (1ᵉʳ mai 1873).

La mort seule a pu avoir raison de son courage et de sa persévévance, mais une mort glorieuse sur cette terre africaine, où nul n'avait osé pénétrer avant lui, dotant ainsi son pays d'une des gloires les plus pures qu'il soit donné à l'homme d'atteindre : l'héroïsme dans l'abnégation.

Ses dépouilles mortelles furent déposées dans l'abbaye de Westminster, le 18 avril 1874.

～⌒⌒⌒～

HENRI STANLEY

Henry Stanley, célèbre explorateur, et reporter du journal américain le *New-York Hérald*, est né en 1840.

Le 16 octobre 1869 il était à Madrid revenant de Valence où sa qualité de reporter volant, comme il se qualifie lui-même, l'avait conduit. Une dépêche de M. Bénett, directeur du journal auquel il appartenait, le mande à Paris. M. Bénett avait pris la généreuse résolution de tenter des recherches dans le but de retrouver Liwingstone, qui malgré des bruits alarmants répandus sur son sort et plusieurs fois démentis, pouvaient rendre vaines ces dispendieuses démarches.

Quoi qu'il en soit, M. Bénett n'hésita pas, et au Grand-Hôtel où il était descendu à Paris, il put dire à Stanley : « *Préparez-vous et partez.* »

Telle est l'origine de ce mémorable voyage entrepris par Stanley, ou il rencontra Liwingstone le 11 novembre 1871, après avoir traversé lui-même toute l'Afrique dans sa largeur.

Après avoir quitté Zanzibar le 19 octobre 1874 pour de nouvelles explorations, on le retrouve, en 1875, sur les bords du lac Victoria Nyanza. Il en fit le tour en 58 jours avec son bateau *Lady Alice*, releva 855 kilomètres des côtes, et reconnut son principal affluent méridional, le Chimayou, qui est considéré comme la source extrême du Nil. Lorsqu'il eut achevé son voyage de circumnavigation, Stanley prit terre dans le pays d'Ouganda où il fut bien accueilli par le roi M'téza, qui lui offrit une petite armée pour l'escorter, s'empressa d'accepter et partit pour le Louta-Nidjé en traversant l'Ounyoro, où sur la droite il constate l'existence d'une race blanche. Puis il remonte le Loukouga et signale sur les versants d'abondantes mines de cuivre. Il retourne ensuite vers l'ouest, après s'être remis d'une assez grave maladie, et traverse une région jusque-là inexplorée de l'Afrique équatoriale. D'après ses explora-

tions, Stanley affirme qu'il n'existe pas de lac Sankorra, comme on l'avait certifié à Caméron.

En descendant les fleuves, Stanley dut livrer des combats presque incessants aux tribus qu'il traversait. Ce fut en franchissant l'un de ces fleuves qu'il eut la douleur de perdre, le 3 juin 1877, son brave compagnon François Pocock et quinze indigènes de sa suite, entraînés par les courants. Peu de jours après il échappait lui-même, comme par miracle, à un péril semblable. Le 14 août 1877 il débarque à Kabinda, petit port situé à l'embouchure du Zaïre ou Congo, revient en Europe et nous apprend que le Congo ou Zaïre est le même cours d'eau que le Loualaba, qui est la grande voie par laquelle la civilisation pourra pénétrer dans ces pays.

Nous savons qu'à l'instigation du roi des Belges, Stanley est de nouveau dans l'Afrique centrale. Se rencontrera-t-il avec l'abbé Debaize? un Français qui, lui aussi, explore les profondeurs africaines sous la bienveillante tutelle de notre gouvernement; c'est ce que l'avenir nous apprendra.

L'abbé Debaize n'est pas le seul Français que l'on puisse citer à l'avoir des explorateurs africains. Notre compatriote Caillé pénétra le premier dans la mystérieuse ville de Tombouctou, le 12 avril 1828. L'enseigne de vaisseau Maizan fut disséqué vivant par un chef indigène, presque au début d'une exploration. Mage et Quintin, dont les voyages durèrent trois années consécutives à partir de septembre 1863, suivent le Niger et parcourent le Soudan, sous l'administration du général Faidherbe, alors au Sénégal; de Bizemont, Le Saint, les frères Poncet et tant d'autres payèrent aussi leur tribut de sacrifice et de dévouement pour les bienfaits de la science et de l'humanité.

LE COMMANDANT CAMÉRON

Caméron (Verney-Lowett), marin et célèbre explorateur anglais, est né à Ratipole, près de Weymouth, en 1844.

A 13 ans il entra dans la marine royale. Doué d'une vive intelligence, il passa brillamment ses examens de cadet, dans lesquels il fut classé au premier rang. Attaché en 1866 comme premier lieutenant au navire le *Star*, il fut envoyé, lors de l'expédition de l'Abyssinie, dans la mer Rouge et chargé d'y construire des phares. La façon dont il s'acquitta de cette mission lui valut les félicitations du gouvernement. Caméron fut ensuite chargé de croiser sur les côtes d'Afrique et de donner la chasse aux négriers. Il put constater les atrocités commises dans la traite des nègres. Ce fut alors qu'il conçut le projet de se mettre à la tête d'une expédition destinée à aller à la recherche et au secours du célèbre Livingstone, et de contribuer, lui aussi, à la suppression de l'odieux trafic des noirs. En attendant ce moment, il apprend le kisahouahihi, langue parlée sur la côte et très répandue dans l'intérieur.

Enfin, le 13 février 1873, Caméron venant de quitter l'Égypte, donna le signal du départ. L'expédition commença sous les plus tristes auspices. Dès le début, Caméron fut pris d'un accès de fièvre violent accompagné de délire. Bientôt après, le docteur Dillon qui l'accompagnait fut atteint du même mal, et M. Moffat, neveu de Livingstone, qui s'était joint à Caméron, en meurt. Les explorateurs n'en continuent pas moins leur route à travers l'insalubre contrée de Kouihara, en se dirigeant vers le lac Tanganyika. Le 29 octobre de la même année il apprend que Livingstone avait succombé le 1er mai, et quelques jours après ils se trouvèrent en présence des dépouilles de l'illustre voyageur. M. Dillon, qui du reste était atteint d'une inflammation d'entrailles, et les autres voyageurs décidèrent que l'expédition n'ayant plus de raison d'être, ils retourneraient à Zanzibar et accompagneraient le corps de Livingstone.

Quant à Caméron, devenu presque aveugle, il résolut de continuer seul son expédition. Le 18 novembre il apprend que M. Dillon, dans un accès de fièvre chaude, s'était brûlé la cervelle.

Caméron, bien que toujours malade, souffrant de la dyssenterie et du scorbut, avance toujours, traversant des peuplades souvent hostiles, dont les chefs presque toujours en état d'ivresse exigeaient un droit de passage.

Le 13 mai 1874, il arriva au lac Tanganyika, exploré déjà dans sa partie septentrionale, mais dont la partie méridionale était presque inconnue : ce fut cette lacune que Caméron se chargea de combler.

Le 19 mai 1874 Caméron quitte le lac Tanganyika, revient à Oujiji, dont il vérifie la position astronomique, et se dirige ensuite sur la côte occidentale après avoir séjourné à Nyangwe, sur le Congo. Il visite aussi le royaume de Cossongo, le prince le plus puissant de l'Afrique centrale, et atteignit enfin les bords de l'Océan le 19 décembre 1875, après avoir parcouru 2,300 lieues en deux ans et dix mois.

Il fut accueilli en Angleterre par les manifestations les plus flatteuses. La reine Victoria voulut le voir et lui donna la croix de l'ordre du Bain. La Société de géographie de Londres lui décerna la grande médaille d'or.

A la fin de janvier 1877 il se rendit à Paris, sur la demande de notre Société de géographie; il consentit à raconter son voyage en français, dans le grand amphithéâtre de la Sorbonne, où se pressait une affluence extraordinaire avide d'entendre le jeune et courageux explorateur. Lorsqu'il eut terminé son récit, le vice-amiral La Roncière annonça que la Société géographique, réunie en séance extraordinaire, avait décidé de décerner sa grande médaille d'or à l'illustre commandant Caméron.

MORTS DE SOIF DANS LE DÉSERT

MORTS DE SOIF DANS LE DÉSERT

Sir Baker, traversant les contrées arides qui avoisinent le Nil Bleu, y rencontre les vestiges de drames lugubres, analogues à celui que représente notre gravure.

Dans l'Afrique centrale, au contraire, quel contraste ! les eaux y abondent souvent en nappes majestueuses comme celles du lac Tanganyika exploré déjà par Burton, Speeke, Livingstone et tant d'autres, lac pouvant être considéré comme une vaste mer intérieure, puisqu'il ne mesure pas moins de deux cents lieues de longueur sur vingt de large.

La situation merveilleuse du Tanganyika, bien faite pour enthousiasmer, se prête difficilement à une description fidèle. Cependant nous dirons que ses ports et ses baies sont hardiment placés aux pieds de montagnes granitiques gigantesques, dont les sommets sont boisés, ou encore quelquefois aux pieds de petites collines boisées aussi et sur lesquelles s'élèvent les villages des indigènes. Stanley, auquel la réputation de majesté et de beauté de ce lac était parvenue, ne peut résister à la tentation d'en juger par lui-même, dût-il faire pour y arriver un détour considérable. Il touche enfin au moment si désiré. Deux heures d'une marche pénible, gravissant lui et son escorte des rochers escarpés, ne peuvent modérer leur transport, enfin ils peuvent, quoique haletants, épuisés, jouir de ce spectacle tant envié le 10 novembre 1871.

Voilà bien les montagnes noires et bleuâtres à la fois d'Oukoma et d'Oukaramba, une vaste nappe, un lit d'argent bruni, l'azur bleu au-dessus de leur tête, des montagnes formidables, des vallées, des forêts de palmiers en forment l'entourage. Hurra! le Tanganyika.

Ce cri poussé d'une voix de stentor par l'Anglo-Saxon, est fidèlement répété par les hommes de l'escorte, et les montagnes et les forêts se faisant l'écho de ces cris, semblent s'associer à leur triomphe.

Stanley emploie deux mois à lever le plan de ce lac. L'on croyait en principe qu'il était la source du Nil, on croyait aussi qu'un simple ruisseau alimentait le lac Victoria Nyanza, mais après des études approfondies, on constata que le niveau du lac Tanganyika est inférieur à celui du lac Victoria. Dès lors l'idée fut complètement abandonnée.

Livingstone visite aussi par deux fois ce lac important, mais l'état précaire de sa santé s'oppose formellement à l'accomplissement d'un travail qu'il eût tant désiré mener à bonne fin. Quant à Caméron, il en étudie la partie méridionale jusque là délaissée, et complète ainsi cet important travail.

CHEF DE TRIBU DU VILLAGE OUJIJI
LIEU DE LA RENCONTRE DE STANLEY ET DE LIWINGSTONE

CHEF DE TRIBU DU VILLAGE OUJIJI

LIEU DE LA RENCONTRE DE STANLEY ET DE LIWINGSTONE

On connaît l'origine du voyage que Stanley entreprend dans le but de retrouver Liwingstone.

Voici dans quelles circonstances eut lieu cette rencontre mémorable. Stanley campe à 300 mètres environ du village Oujiji ; tout à coup il s'entend interpeler par une voix inconnue : « Bonjour, monsieur ». — Qui diable êtes-vous ? — Je suis Susi le domestique du docteur Liwingstone. — Quoi ! le docteur Liwingstone est ici ? — Oui monsieur. — En êtes-vous bien sûr ? — Certain, je le quitte à l'instant. Au même moment une autre voix retentit : « Bonjour, Monsieur. » C'était Chumach, un autre domestique du docteur. — Comment va le docteur ? — Pas très-bien. — Allons, Susi, courez annoncer au docteur que j'arrive. — Oui, monsieur, et il partit comme une flèche.

Alors au bruit des coups de fusils et suivi d'une flottille de bannières, Stanley s'avança. Il raconte qu'il poussait une foule de gens pour se frayer un passage, et marchant entre deux murailles vivantes, il aperçut à la tête d'un groupe d'arabes « un homme blanc ». Comme je m'avançais, dit-il, je remarquais qu'il était pâle, qu'il avait l'air fatigué, usé, la moustache et la barbe grise, il avait sur la tête une calotte en drap bleu, avec un galon d'or fané sur une bande rouge, un gilet à manches rouges et un pantalon gris.

Alors Stanley se découvrant, dit « Le docteur Liwingstone. » Oui, répondit le docteur, et ils se serrèrent cordialement la main.

Stanley ajouta. « Je remercie Dieu, docteur, de m'avoir permis de vous revoir. » « Et moi, répondit Liwingstone, je le remercie de pouvoir vous recevoir ici.»

Et voilà comment se rencontrèrent le vieil explorateur et le jeune aventurier le 11 novembre 1871.

Stanley passa quatre mois avec le docteur en excursions communes. Il constate l'élévation de cette âme d'élite, et rend un éclatant hommage aux qualités privées de l'illustre voyageur.

Après l'avoir pourvu des choses nécessaires à la vie européenne, il partit pour l'Angleterre, emportant les précieux papiers du docteur, et laissant le grand explorateur continuer, du moins il le pensait, l'œuvre de sa vie entière.

Inutile de dire que ces précieux papiers, qui avaient été l'objet d'une sollicitude de tous les instants de la part de Stanley, furent déposés entre les mains du ministre des Affaires étrangères d'Angleterre, Lord Lyons, le 31 juillet 1872 ; il en obtint un reçu qui fut le témoignage authentique de l'accomplissement fidèle de cette incomparable mission.

La reine d'Angleterre fit présent à Stanley d'une tabatière enrichie de diamants, comme marque de sa satisfaction personnelle ; et la Société royale de géographie de Londres l'honora d'une médaille d'or.

ARRIVÉE D'UNE CARAVANE A UNE SOURCE

ARRIVÉE D'UNE CARAVANE A UNE SOURCE

Nous devons au capitaine Speeke, dans le voyage qu'il entreprend de 1860 à 1863, des détails fort intéressants sur la contrée d'Ouganda, qui fut visitée plus tard par Liwingstone. Il nous fait entre autres la description des péripéties que présente la marche d'une caravane, à la tête de laquelle il se trouve comme explorateur. Un des épisodes les plus émouvants est celui où bêtes et gens découvrent une source, après une marche pénible. Nous disons avec intention bêtes et gens ; car les animaux, grâce à leur instinct, ont découvert avant les hommes le voisinage de cette source. C'est alors une joie indescriptible, et il faut des efforts surhumains pour éviter les accidents qui résulteraient d'une trop grande précipitation.

Il raconte aussi que le 19 février 1862 il arrivait en vue de Kibuda, ou palais royal du roi M'téza, situé dans la province de Bandawarogo. Nous entrâmes, raconte-t-il, dans la cour où habitent la plupart des trois ou quatre cents femmes de M'téza ; mon cortège soulevait des cris d'admiration. Enfin nous arrivons en présence du roi. Après la remise des présents, des pourparlers sans fin et des compliments sans nombre, le roi me fit demander « si je l'avais bien vu, » question assez osée et qui peint bien l'orgueil insensé de ces despotes barbares, car je m'étais présenté comme un prince puissant.

En fait de divertissements qui furent donnés en mon honneur, j'assistais à une revue de jeunes demoiselles, toutes frottées de graisse et reluisantes comme des miroirs ; elles allaient prendre place dans le harem, tandis que leurs pères se roulaient aux pieds du roi, manifestant ainsi par des salamalecs insensés leur reconnaissance et leur bonheur.

Dans ce milieu d'esclavage sans limite et de despotisme sans frein, où le roi, pour essayer l'efficacité d'une carabine dont je lui avais fait présent, ordonne à un page de 13 à 14 ans de foudroyer un de ses sujets, mission que l'apprenti bourreau s'empressa d'accomplir.

Dans ce milieu, dis-je, le sort de ces femmes tourne souvent au tragique. Il n'est pas de jour, ajoute le capitaine Speeke, depuis le peu de temps que j'habite les abords de la cour, où je n'aie vu conduire à la mort une, deux et même quelquefois trois de ces infortunées. Et pas une main ne s'élève pour arracher au bourreau ces malheureuses victimes sacrifiées à je ne sais quelle superstition, ou à je ne sais quelle barbare vengeance de ces despotes africains.

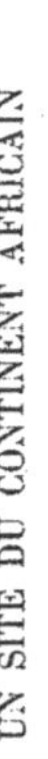

UN SITE DU CONTINENT AFRICAIN

UN SITE DU CONTINENT AFRICAIN

Notre notice biographique sur Caméron, nous apprend comment, après la mort de Liwingstone, il poursuit l'idée de couper tout le continent africain.

Caméron partit seul avec une escorte de naturels de la côte de Mozambique, et guidé par la boussole, s'avança toujours vers l'Ouest. Il eut à lutter contre des difficultés sans cesse renaissantes. Inquiété, rançonné et même attaqué par les naturels, il ne permit jamais à ses hommes de tirer un coup de feu, avant d'avoir épuisé tous les moyens de conciliation. Dans quelques contrées, il dut payer tribut. Mais, en général, les populations se montrent assez douces de mœurs et assez tolérantes pour les voyageurs.

Il y a trente ans encore, on croyait que ces contrées étaient désertes, incultes, brûlées par le soleil, sans eau et sans végétation. Le commandant Coméron redresse ces erreurs ; le tracé qu'il a suivi seul jusqu'à ce jour, est composé de hauts plateaux, très sains, arrosés d'un grand nombre de cours d'eau, couvert d'une belle végétation et de sites merveilleux, où le voyageur trouve quelquefois de ces énormes pachydermes morts ou blessés que se disputent une foule d'oiseaux carnassiers, dont les cris discordants troublent la tranquille majesté.

Les peuplades y sont souvent industrieuses, commerçantes, possédant des marchés, des embryons de route et même ce que nous pourrions appeler des travaux d'art pour le passage des rivières. Le 5 juillet 1875, Caméron traverse le *Lovoï* sur un pont en bambous, composé de chevalets en forme d'X reliés entre eux par un tronc d'arbre assez gros. C'est à la fois un pont et un barrage pour le gros poisson.

Dans ces parcours de 485 lieues à travers des contrées absolument inconnues, Caméron fait plus de CINQ MILLE observations géographiques et astronomiques.

LE CONFÉRENCIER

Nous avons cru devoir nous assurer du concours de M. Malankiéwicz, en ce qui concerne la Conférence, sur un sujet aussi attrayant que celui des Voyages dans l'Afrique centrale.

L'accueil bienveillant que lui a fait le public, l'encouragement que lui a témoigné la Presse, au sujet de ses Conférences en France, sur la Géologie et l'Astronomie, sont pour nous un sûr garant de sa réussite.

M. Malankiéwicz, professeur de sciences et conférencier, fils d'un émigré polonais, est né à Paris en 1836, où il fit ses études, s'est voué depuis quelques années à la vulgarisation de la science, par la méthode des projections, après avoir obtenu, de la part de la Société des chefs d'institution du département de la Seine, une médaille, en récompense de bons et loyaux services, en qualité de préfet des Études dans plusieurs établissements importants de la capitale.

Dans la nouvelle voie qu'il s'était tracée, il fut encouragé par des lettres bienveillantes de nos sommités scientifiques. MM. Milne-Edwards, docteur Chenu, Camille Flammarion, et enfin le célèbre explorateur Caméron a bien voulu l'honorer de la lettre suivante :

, Monsieur,

Votre but de populariser la géographie avec les explorations dans l'Afrique centrale, à l'aide de Conférences illustrées par la méthode des projections, est un des
moyens les plus puissants d'enseigner cette science à laquelle nous sommes tous
dévoués.

J'espère que vous réussirez partout où vous irez, et que les conséquences de vos
Conférences seront un appoint aux travaux si importants dus aux explorateurs français.

Veuillez agréer, Monsieur,
l'assurance de mes sentiments les plus distingués.
(Signé) LOWETT CAMÉRON.

Shoreham. Sevenoaks, 4 septembre 1879.

Sous de tels auspices, M. Malarkiéwicz saura, nous en sommes convaincus, se
maintenir à la hauteur de sa tâche.

TABLEAUX DE LA CONFÉRENCE.

Carte des explorations.
Portraits des explorateurs.
La chasse à l'hippopotame.
Chutes du Victoria Nyanza.
Sir Baker et sa femme.
Les chasseurs d'esclaves et leurs victimes.
Vue d'une idole indigène.
La flore africaine.
Chasse à l'éléphant.
Le Victoria Nyanza à vol d'oiseau.
Musique du Marimba.
Vue de Dinka.
Chasses faites par le crocodile.
Les marchands d'esclaves.
La faune africaine.
Le roi Munza et son troubadour.
Les animaux domestiques.
Un médecin de Mrua.
Types des indigènes.

Dépécement de l'hippopotame.
Les femmes de M'téza conduites au sup-
   plice.
Hameau de Niam-Niam.
Le roi Munza et ses femmes.
Danses guerrières des Zoulous.
Chasse au lion.
Capture de Cettiwayo.
Le lac Tanganyika.
Un jour de marché à Kahélé.
Le journal de Liwingstone.
Chasse au zèbre.
Le Tanganyika à vol d'oiseau.
Rencontre de Stanley et de Liwingstone.
Les dépêches en danger.
Chasse au rhinocéros.
Transport du corps de Liwingstone.
Le retour de Caméron.

**La direction des puissants appareils
de la maison MOLTENI, ingénieur opticien à Paris,
est confiée aux soins de M. PARROTET, préparateur.**

MM. LES CHEFS D'INSTITUTIONS

Désireux de traiter pour les CONFÉRENCES ILLUSTRÉES suivantes :

Les *Voyages dans l'Afrique centrale ;* 
La *Terre avant le Déluge ;*
Les *Phénomènes de la Nature ;*
L'*Astronomie*, etc., etc.

PROJETÉES A LA LUMIÈRE OXYHYDRIQUE,

Sont priés de s'adresser à **M. Sialgnel**, 10, villa Camus,

à Saint-Maur-les-Fossés (Seine),

ou à la Salle dans laquelle se donne la Conférence.

POUR LES ANNONCES PAR PROJECTIONS

S'adresser aux mêmes endroits.

Imprimerie MOQUET, 11, rue des Fossés-Saint-Jacques.